AF410969

LES VOYAGES

DE

L'AMOUR,

BALLET.

DE L'IMPRIMERIE

De JEAN-BAPTISTE-CHRISTOPHE BALLARD,

Seul Imprimeur du Roy, & de l'Academie Royale

de Musique.

M. DCC XXXXVI.

AVEC APROBATION, ET PRIVILEGE DU ROY.

LES VOYAGES
DE
L'AMOUR,
BALLET
EN QUATRE ACTES.

PERSONNAGES
DU PROLOGUE.

L'AMOUR.

ZEPHIRE.

Suite de L'AMOUR *& de* ZEPHIRE.

HABITANTS DE CYTHERE.

PROLOGUE.

e Théatre repréſente les Jardins de l'Amour à
Cythere: On y voit ce Dieu couché ſur des fleurs,
ayant à ſes côtez les Graces, & la Volupté.

SCENE PREMIERE.

'AMOUR, ZE'PHIRE, Suite de L'AMOUR
ET DE ZEPHIRE, Habitants de Cythere.

CHOEUR.

Riomphe, *Amour, comble nos vœux,*
Lance, lance ſur nous mille traits pleins de
charmes;
lus tu ſignaleras le pouvoir de tes armes,
Plus nos cœurs deviendront héureux.

On danſe.

ZEPHIRE.

Vous qui servez des Inhumaines,
Vous les verrez enfin répondre à vos desirs,
Il n'est qu'un temps pour les soupirs ;
L'Amour met un terme à ses peines,
Et n'en met point à ses plaisirs.

On danse.

Vous à qui deux beaux yeux assurent la victoire,
Fieres Beautez, aimez à vôtre tour,
Songez que vos appas sont des dons de l'Amour,
Qu'il faut employer pour sa gloire.

On danse.

ZEPHIRE,

alternativement avec le Chœur.

Que tout soit enchanté
Des attraits du Dieu de Cythere.

Quels titres n'a-t'il pas pour plaire,
Il est le fils de la Beauté,
Des doux plaisirs il est le pere.
Que tout, &c.

L'AMOUR.

Chantez, formez toûjours le Concert le plus tendre,
Je sens jusqu'à mon cœur passer des sons si doux,
Et le plaisir de les entendre
Me paye assez des biens que je répands sur vous.

PROLOGUE. 7

ZEPHIRE.

Les Dieux & les Mortels, heureux par ta puissance,
Sous tes aimables loix trouvent mille douceurs ;
Pourquoy suivant toûjours la triste indifference,
Te refuses-tu ces faveurs,
Que ta bonté facile à l'univers dispense ?

Blesse-toy de tes traits, & Toy-même à ton tour,
Eprouve les plaisirs d'une ardeur mutuelle.

L'AMOUR.

Si j'aimois, je voudrois une chaîne éternelle,
Mais comment m'assurer d'un fidelle retour ?

Par des traits surs de la victoire,
Je sçais d'un fier Objet désarmer la rigueur ;
Mais mon pouvoir finit, si je donne mon cœur ;
Et quand je peux tout pour ma gloire,
Je ne puis rien pour mon bonheur.

ZEPHIRE.

Bannis une crainte si vaine,
Tu n'as pas besoin de tes traits
Pour flechir la plus inhumaine,
Il te suffit de tes attraits.

Quel objet à tes vœux pourroit être rebelle ?
Quittons ces lieux, partons, la Victoire t'appelle,
Parcourons les Hameaux, & la Ville, & la Cour,
Peut-être y pourrons-nous trouver un cœur fidelle,
Et digne de fixer l'Amour.

L'AMOUR ET ZEPHIRE.

Partons, abandonnons Cythere.
Hâtons-nous, que rien ne diffère
Le moment d'un départ qui doit combler nos vœux;
Rien ne doit retarder un projet amoureux,
Et la plus importante affaire
C'est de songer à devenir heureux.

L'AMOUR part avec ZEPHIRE.

CHOEUR.

Partez, volez à la Victoire;
Allez soumettre tous les cœurs:
Vous travaillez charmants Vainqueurs,
Pour vos plaisirs & vôtre gloire.

FIN DU PROLOGUE.

PERSONNAGES DU I. ACTE.

L'AMOUR *déguisé en Berger sous le nom de* SYLVANDRE.
ZEPHIRE, *aussi déguisé en Berger.*
DAPHNE', *Bergere.*
THERSANDRE, *Juge des Jeux.*
HILAS, *Berger.*
CHOEURS *de Bergers & de Bergeres.*

LES

LES VOYAGES DE L'AMOUR,
BALLET.

ACTE PREMIER.
LE VILLAGE.

Le Théatre représente une Prairie.

SCENE PREMIERE.

L'AMOUR, deguisé en Berger sous le nom de
SILVANDRE, ZEPHIRE aussi deguisé en Berger.

L'AMOUR.

Ue je me plais dans ce séjour!
La nature y triomphe, & ce charmant azile,
Semble n'offrir aux cœurs un destin plus tran-
quille,
Que pour les consacrer davantage à l'Amour.

B

Ah! que ces Retraites sont belles,
Et que ces Bergers sont heureux!
Ils ne sont occupez qu'à ressentir mes feux;
Leurs plaisirs sont d'être amoureux,
Et leurs vertus d'être fidelles.

ZEPHIRE.

Amour, dans ces lieux charmants,
Tout se sent de ta présence.

Les tendres Oyseaux dans les champs,
Forment des concerts plus touchants,
Et Cérès répand ses presents
Avec plus d'abondance :

L'éclat des fleurs s'augmente sous tes pas,
Ce Ruisseau qui nous fuit roule une onde plus pure,
Et toute la Nature
Renaît, & s'embellit en voyant tes appas.

Mais tu ne parles point de ta flâme nouvelle;
Eh quoi! sous l'habit de Berger,
L'Amour auroit-il pû trouver une cruelle?

L'AMOUR.

A mes tendres desirs Daphné n'est point rebelle,
A mon tour j'ay sçu l'engager.

Du trouble qui l'agite étonnée, incertaine,
Elle craint de se pénetrer,
Et son cœur n'ose pas s'entendre soupirer;
De peur de condamner le penchant qui l'entraîne,
Elle tâche de l'ignorer.

ZEPHIRE.

Dieu séducteur, malgré tes peines,
Tu sçais bien nous assujettir;
Pour mieux serrer tes nœuds, tu les fais moins sentir;
Et l'on ne s'apperçoit qu'on languit dans tes chaînes,
Que lorsqu'il n'est plus temps de vouloir en sortir.

L'AMOUR.

Daphné doit dans ces lieux venir avant la fête;
Elle me l'a promis. Dieux! quel plaisir s'apprête,
Si je puis la contraindre à m'avouer ses feux.

Ce n'est rien de se croire heureux;
Mais c'est une douceur suprême,
D'être assuré du succès de ses vœux
Par la bouche de ce qu'on aime.

ZEPHIRE.

Si Daphné t'écoute en ce jour,
Tu l'obligeras à se rendre:
On est bien prêt de répondre à l'Amour,
Lorsque l'on consent à l'entendre.

L'AMOUR.

Ouy, j'attends de son cœur le plus tendre retour.

ZEPHIRE.

Mais ce n'est pas assez de toucher cette Belle,
Seras-tu toûjours son vainqueur?
Aisément on soumet un cœur,
Il est plus mal-aisé de le rendre fidelle.

L'AMOUR.

J'éprouveray bientôt en quittant ce séjour
Jusqu'où peut aller sa constance :
Nous devons parcourir & la Ville & la Cour,
Je verray quel effet produira mon absence :

Mais je la vois ; Moments de transports amoureux,
Devenez des moments heureux.

Ah ! que je l'aime & qu'elle est belle !
Zephire, laisse-moy m'expliquer avec elle.

SCENE II.

L'AMOUR, déguisé en Berger sous le nom de
SILVANDRE, DAPHNE'.

SILVANDRE.

UN prix est dans ce jour proposé par Cypris,
Au Berger qui sçaura de la voix la plus tendre
Chanter les attraits de son fils ;
De vos mains le Vainqueur doit recevoir le prix ;
Daphné, pour l'obtenir je vais tout entreprendre,
Ferez-vous quelques vœux pour l'amoureux Silvandre?

DAPHNE'.

Du Berger qui sera vainqueur,
Ma main couronnera la tête....

SILVANDRE.

Si le prix étoit vôtre cœur,
Que j'aimerois le prix de cette Fête !

Vous allez couronner le *Vainqueur* de nos jeux !
Qu'une main si charmante embellira la *Gloire* !
Ah ! s'il falloit chanter l'éclat de vos beaux yeux,
Je serois sûr de la victoire.

DAPHNE'.

Berger, cessez de vains discours ;
Voulez-vous de vos feux m'entretenir toujours ?

SILVANDRE.

C'est que toujours mon cœur est rempli de sa flâme,
C'est le seul sentiment qui regne dans mon ame :
Vous ne répondez point, vous détournez les yeux …
Tournez vers moy ces yeux qui vous rendent si belle,
Voulez-vous égaler vôtre fierté cruelle
A l'excès de mes tendres feux ?
Ces yeux qui m'ont rendu si tendre & si fidelle,
Leur indifference éternelle
Me rendra-t-elle malheureux ?

DAPHNE'.

Vous vous plaignez toujours ! *Quand l'Amour nous*
entraîne,
Il coûte donc bien des soupirs ?

SILVANDRE.

Quand l'*Amour* nous attache auprès d'une Inhumaine,
Au doux plaisir d'aimer, il mêle quelque peine :
Mais quand l'objet de nos desirs
Avec nous partage sa chaîne,
L'*Amour* n'a plus que des plaisirs.

DAPHNE'.

On m'a dit que l'Amour nous cauſe mille allarmes,
Et qu'il eſt dangereux de lui donner ſon cœur.

SILVANDRE.

Laiſſez-le devenir vainqueur,
Et vous jugerez de ſes charmes.

DAPHNE'.

Il eſt trop dangereux de lui donner ſon cœur.

ENSEMBLE.

DAP. } *La paiſible indifference*
SILV. } *L'ennuyeuſe indifference*

Nous fait ſeule } *d'heureux jours:*
Ne nous fait pas }

A peine l'Amour commence,

Que ſur ſes pas il conduit } *l'inconſtance,*
} *l'eſperance,*

Et les plaiſirs } *s'envolent pour toujours.*
Et les chagrins }

SILVANDRE.

Non, l'Amour n'eſt point redoutable,
Il ne regne ſur nous que pour nous rendre heureux
Quel empire eſt plus agréable !

DAPHNE'.

S'il me paroiſſoit moins aimable,
Je ne trouverrois pas qu'il fût ſi dangereux.

BALLET.
SILVANDRE.
Que dites-vous?

DAPHNE'.
Helas!

On entend un Prélude.

On vient, chacun s'aprête
Pour la nouvelle fête.
SILVANDRE.
Je vais chanter aujourd'huy
Le tendre Amour & ses chaînes:
Daphné dois-je chanter ses plaisirs & ses peines?
DAPHNE'.
Berger, vous n'avez point à vous plaindre de lui.

SCENE III.

DAPHNE', L'AMOUR, sous le nom de SILVANDRE, THERSANDRE Juge des Jeux, HILAS Berger, CHOEUR de Bergers & de Bergeres.

THERSANDRE.
CElébrons le Dieu de Cythere,
Et méritons le soin qu'il prend de nos hameaux,
Chantons l'Amour, chantons sa Mere,
Cherchons par des concerts nouveaux,
De nouveaux moyens de leur plaire.

CHOEUR. *Celébrons, &c.*

On danse.

THERSANDRE.

Pour nous faire chanter les attraits de son fils,
Au vainqueur de nos Jeux, Venus propose un prix :

Pour meriter les dons de l'Immortelle,
Accourez, empressez-vous,
Formez les chants les plus doux ,
Pour mériter les dons de l'Immortelle.

CHOEUR, *Pour mériter,* &c.

THERSANDRE.

Accourez, empressez-vous ;
D'accord avec l'Amour , la Gloire vous appelle.

CHOEUR. *Accourons,* &c.

HILAS, HYMNE A L'AMOUR.

Si nous voyons dans ce séjour
Tous les cœurs contents & paisibles,
On doit ce bonheur à l'Amour,
C'est que dans ces beaux lieux tous les cœurs son
sensibles.

On n'a qu'une affaire en aimant ,
En n'aimant pas on en a mille :
Ah ! que le repos est charmant !
Bergers , il faut aimer pour devenir tranquille.

Autre-fois mille soins fâcheux
Me causoient une peine extrême :
Depuis que je suis amoureux ,
Je ne m'occupe plus qu'à plaire à ce que j'aime.

Que le Loup m'emporte un Agneau,
Si je vois de loin ma Bergere,
Je vole, je le laisse faire ;
Le plaisir de la voir payeroit tout le troupeau.

CHOEUR. *Célébrons*, &c.

SILVANDRE, Hymne à L'AMOUR.

Charmant Vainqueur, Aimable maître,
Amour, Toy seul combles nos vœux ;
C'est le destin qui nous fait naître,
C'est toy qui nous fais vivre heureux.

Les Dieux de la Terre & de l'Onde
Doivent tout aux tendres desirs ;
Ils s'ennuieroient des soins du monde,
Si tu n'y mêlois tes plaisirs.

Aux loix que tu sçais nous prescrire
Quel cœur a jamais resisté ?
Tu nous en fais toûjours instruire
Par la Nature & la Beauté.

THERSANDRE.

Bergers, quelqu'un veut-il encor se faire entendre,
Et chanter Venus & son Fils ?

CHOEUR.

Non, nous cédons tous à Silvandre,
Ses Chants ont mérité le prix.

THERSANDRE donne une Couronne de Myrthe à DAPHNE',
qui la donne à SILVANDRE.

THERSANDRE.

Berger, joüissez de la gloire
D'une si brillante victoire.
Venus vous donne dans ce jour
La Couronne la plus charmante ;
Et pour mieux acquitter l'Amour,
La plus belle Bergere icy vous la présente.

CHOEUR, *Berger,* &c.

THERSANDRE.

Chantez le Dieu qui vous inspire
Les plus beaux feux ;
Chantez le Dieu qui vous rend tous heureux.

Sous son Empire,
Tout comble nos desirs ;
Si l'on y soupire,
Ce n'est qu'au sein des plaisirs.

Chantez le Dieu qui vous inspire.   &c.

LE CHOEUR reprend pour finir cet Acte *l'Hymne à l'Amour,*
chanté par SILVANDRE, *Charmant Vainqueur,* &c.

ACTEURS DU SECOND ACTE.

L'AMOUR, sous le nom D'ALCIDON.	BEROE'.
UN DEVIN.	ZEPHIRE.
LUCILE.	Génies Elementaires.
	Suite de L'AMOUR.

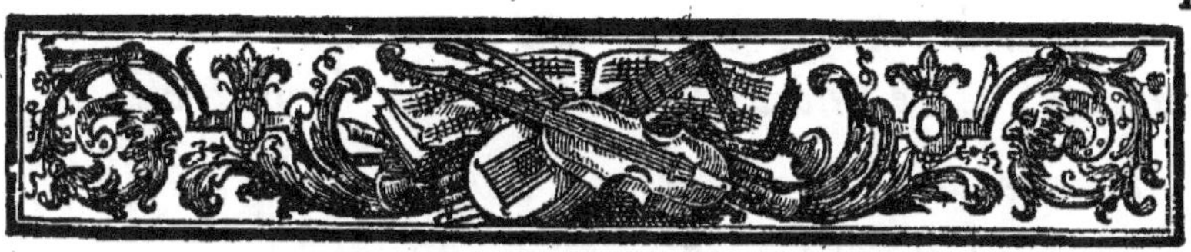

ACTE SECOND.
LA VILLE.

Le Theâtre repréfente une Solitude fauvage , on voit dans l'enfoncement la Mer d'un côté , & de l'autre une Grotte qui eft la demeure ordinaire d'un Aftrologue.

SCENE PREMIERE.

L'AMOUR, déguifé fous le nom d'ALCIDON,
LE DEVIN.

L'AMOUR, AU DEVIN.

Pour apprendre de vous quels feront fes deftins,
Lucile en ces lieux va fe rendre :
Par un Oracle adroit fongez à la furprendre;
J'ay tout fait préparer pour remplir mes deffeins.

LE DEVIN.

Bientôt nous connoîtrons Lucile ,
Nous verrons fi fon cœur
Eft fait pour reffentir une fidelle ardeur.

L'AMOUR.

Sous le nom d'Alcidon je foupire à la Ville.

Lucile écoûte & partage mes feux ;
Mais malgré ce succès je ne suis pas heureux.

L'hommage des Amants sçait trop la satisfaire,
Pour qu'elle aime bien à son tour ;
Dans un cœur épuisé par le desir de plaire,
Il ne reste rien pour l'amour.

LE DEVIN.

Il est mal-aisé qu'une Belle
Aime bien constamment.
Par la voix d'un aimable Amant
A chaque instant l'Inconstance l'appelle,
Le péril est charmant,
Et vole sans cesse au tour d'elle ;
Il ne faut qu'un moment
Pour la rendre infidelle.
Il est mal-aisé qu'une Belle
Aime bien constamment.

L'AMOUR.

Elle croit recevoir d'un Inconnu qui l'aime,
Ces fêtes, ces présents que sans me découvrir
Chaque jour je lui fais offrir ;
Je crains bien de me voir supplanté par moi-même :
Elle estime déja cet Amant genereux,
Et je vois que son cœur balance entre nous deux.

BALLET.
LE DEVIN.

La constance qui chancelle
Ressemble bien à la legereté,
C'est une infidelité
Que de deliberer si l'on sera fidelle.

L'AMOUR.

Lucile vient, quittons ces lieux,
Il n'est pas temps encor d'y paroître à ses yeux.

SCENE II.
BEROE', LUCILE.
BEROE'.

Pourquoy rougir d'être volage?
Hâtez-vous de vous dégager;
Quand l'Amour vous procure un plus brillant hommage
Il vous avertit de changer.

Pourquoy, &c.
LUCILE.

En vain je veux bannir Alcidon de mon ame,
Et faire un plus illustre choix;
Mon cœur me fait entendre une importune voix;
Malgré l'ambition qui veut regler ma flâme,
L'Amour s'obstine encor à reclamer ses droits.

Hélas ! si je suis infidelle,
Trop sensible Alcidon qu'allez-vous devenir ?
Nous nous étions promis une ardeur éternelle.

BEROE'.

Un scrupule si vain doit-il vous retenir ?

N'allez pas vous picquer d'une flâme constante,
Vous ou luy sans raison changeriez quelque jour :
Prevenez ce malheur ; changez lorsque l'Amour
Vous en fournit une excuse brillante.

LUCILE.

Dieux ! que j'auray de peine à suivre vos avis !

BEROE'.

Vous vous trouverez bien de les avoir suivis,
Le Devin qui bientôt dans ces lieux va paroître,
Vous apprendra quel est cet Amant inconnu ;
Dès qu'il vous l'aura fait connoître,
Sans doute vôtre cœur sera moins prévenu.

SCENE III.

LUCILE, LE DEVIN, BEROE', Suite du DEVIN.

BEROE'.

COnfident du Destin, ô Vous dont les lumieres
Du plus sombre avenir percent l'obscurité,
Révelez-nous les mysteres
Du sort de cette Beauté.

BALLET.
LE DEVIN.

Vous qu'un art souverain soumet à ma puissance ;
Ames de ce vaste Univers,
Esprits qui présidez aux elemens divers,
Marquez moy vôtre obéissance,
Volez, accourez à ma voix,
Reconnoissez mes loix.

On voit tout d'un coup arriver les Genies Elementaires, les Sil-
phes viennent en volant du haut des airs, les Gnomes sortent du
sin de la terre, les Ondains de la mer qu'on voit dans l'enfoncement, & des tourbillons de feu apportent les Salamandres, le Théatre s'obscurcit, & n'est plus éclairé que par la clarté des Astres.

LE DEVIN.

Disparoissez, Voiles impénetrables,
Qui cachez l'Avenir aux mortels curieux ;
Par nos misteres redoutables
Penetrons les secrets des Dieux.

CHOEUR. *Disparoissez, &c.*

LE DEVIN,

Destin, Tu veux envain cacher à tous les yeux
Tes Arrests inévitables ;
Malgré tes soins jaloux, nous lisons dans les cieux
Tes decrets irrévocables.

CHOEUR, *Disparoissez, &c.*

LE DEVIN.

Aftres puiſſants dont l'influence
Décide du ſort des Humains :
Vous qui reglez à leur naiſſance
Et leurs plaiſirs & leurs chagrins,
De Lucile à nos yeux dévoilez les deſtins.

CHOEUR.

Diſparoiſſez Voiles impénetrables,
Qui cachez l'Avenir aux mortels curieux ;
Par nos miſteres redoutables
Penetrons les ſecrets des Dieux.

LE DEVIN, à LUCILE,

Vous qui cherchez à vous inſtruire
Du ſort qui vous eſt deſtiné,
Lucile, quel ſort fortuné !
L'Amour pour vos charmes ſoupire.

LUCILE.

Ciel !

LE DEVIN,

Nous avons rempli ſes deſirs empreſſez,
Retirons-nous : c'en eſt aſſez.

SCENE IV.

SCENE IV.

BEROE', LUCILE.

BEROE'.

Quel triomphe! Dieux, quelle gloire !
De vos attraits l'Amour même est charmé.

LUCILE.

C'en est fait; Alcidon, cédez-luy la victoire :
L'Amour, l'Amour lui seul mérite d'être aimé.

La Solitude disparoît, & se change en des
Jardins charmants.

Mais, que vois-je! quel Dieu, de ce séjour sauvage,
A fait en un moment le plus charmant séjour ?

BEROE'.

Reconnoissez l'hommage de l'Amour,
De vos attraits ces beaux lieux sont l'ouvrage.

LUCILE.

Quels doux concerts ! quels sons harmonieux !
Quel spectacle charmant se présente à mes yeux !

D

SCENE V.

LUCILE, BEROE', ZEPHIRE conduisant
la Suite de L'AMOUR.

CHOEUR.

Portez la chaîne la plus belle,
Aimez, jeune Beauté, pour ne changer jamais :
L'Amour adore vos attraits ;
Pour mériter son cœur il faut être fidelle.
Portez la chaîne la plus belle,
Aimez, jeune Beauté, pour ne changer jamais.

On danse.

ZEPHIRE.

Ce n'est pas la peine
De prendre une chaîne
Pour briser ses nœuds ;
Quand on est volage,
C'est que l'on s'engage
Sans être amoureux.

La Beauté cruelle
Aimant à son tour,
Peut calmer l'Amour
Irrité contre elle
Pour une infidelle
Il est sans retour.

Ce n'est pas la peine, &c.

CHOEUR.

Portez la chaîne, &c.

LUCILE.

Ah ! qu'il soit sûr de ma constance,
Qu'il paroisse ce Dieu charmant.
Qu'il juge de mes feux par mon empressement !
Ah ! qu'il soit sûr de ma constance,
Qu'il paroisse ce Dieu charmant;
Mais, ô Ciel ! Alcidon s'avance !
Que lui dire, grands Dieux !

****

SCENE VI.

ALCIDON, ou L'AMOUR déguisé sous ce nom,
Et les Acteurs de la Scene précédente.

ALCIDON.

LUcile, mon bonheur m'amene dans ces lieux,
Quel plaisir de vous voir si belle & si charmante !
Pour qu'il ne manque rien au bonheur qui m'enchante,
Partagez mes transports, répondez à mes feux,
Et contentez mon cœur aussi bien que mes yeux.

LUCILE embarassée.

Alcidon. ., croyez-moy... l'amoureux esclavage
A des plaisirs trop dangereux.

ALCIDON.

Lucile, & depuis quand tenez-vous ce langage ?

BEROE'.

Pour ne plus s'engager, elle a brisé ses nœuds.

Ceſſez d'offrir des vœux,
Quedéſormais elle dédaigne ;
L'eſperance alluma vos feux
Qu'un juſte dépit les éteigne.

ALCIDON.

Lucile, avoüez-vous de ſi cruels diſcours ?

LUCILE.

Oubliez une ingrate.

ALCIDON.

Je voulois vous aimer toûjours.

LUCILE.

Vainement vôtre ardeur éclate ;
Alcidon, pour jamais je renonce aux Amours.

CHOEUR.

Vous embrâſez l'Amour de la plus vive flâme,
Jeune Beauté, qu'il regne à ſon tour dans vôtre ame.

ALCIDON.

Voilà donc d'où partoient vos mépris inhumains,
Vous étes infidelle.

LUCILE.

L'amour met à mes pieds ſa grandeur immortelle,
Son courroux redoutable eût ſuivi mes dédains :

BEROE'.

Peut-elle refuſer une chaîne ſi belle ?

ALCIDON.

Abandonnez plûtost ces injuftes défirs,
Cédez à mon ardeur, cédez à ma conftance,
Vôtre cœur à mes feux donnoit la préference ;
Mais un choix plus brillant détourne vos foupirs.
    Abandonnez ces injuftes defirs,
Cédez à mon ardeur, cédez à ma conftance.
    Hélas ! l'éclat de la puiffance
    Vaut-il le charme des plaifirs ?

CHOEUR.

Vous embrâfez l'Amour de la plus vive flâme,
Jeune Beauté, qu'il regne à fon tour dans vôtre ame.

ALCIDON.

C'en eft donc fait, Cruelle, & vous ne m'aimez plus.

LUCILE.

Vous faites fur mon cœur des efforts fuperflus.

L'AMOUR, à ZEPHIRE.

Mon cœur s'étoit flatté d'une vaine efperance,
Zephire, Tu le vois, elle a payé mes feux
    Par la plus froide indifference.
Peut-être qu'à la Cour je feray plus heureux :

L'AMOUR, à LUCILE.

Une autre Engagement en d'autres lieux m'appelle,
Vos attraits méritoient l'hommage de l'Amour ;
    Mais, il vous échape en ce jour.
Pour mériter mon cœur, il faut être fidelle.

L'A M O U R part avec Z E P H I R E & fa Suite,
Le Théatre reparoit dans fon premier état,
Et L U C I L E refte feule avec B E R O E'.

L U C I L E.

C'eft l'Amour qui m'échape ! Ah! quel fatal retour!
Quelle honte cruelle !

FIN DU SECOND ACTE.

ACTEURS DU IIIme ACTE.

L'AMOUR, *fous le nom* D'EMILE.

O V I D E.

J U L I E.

R O M A I N S.

ACTE TROISIE'ME.
LA COUR.

Le Theâtre repréſente une Salle du Palais
D'AUGUSTE, préparée pour une Fête.

SCENE PREMIERE.

L'AMOUR, déguiſé en Courtiſan Romain ſous
le nom d'EMILE.

EMILE.

Es feux ſont écoûtez, la Princeſſe que j'aime,
Répond enfin à mon ardeur ;
Mais puis-je compter ſur ſon cœur ;
L'inconſtance le donne, & le reprend de même ?

Non, la fidelité,
De ces lieux n'eſt pas le partage.
Dans les nœuds les plus doux envain un cœur s'engage,
Il change bien-tôt d'eſclavage ;
Qui pourroit dans ſes fers le tenir arrêté ?
C'eſt au plaiſir qu'il rend hommage,
Bien plutôt qu'à l'objet dont il eſt enchanté.
Non, &c.

Julie en apparence a rejetté les vœux,
Du volage & galand Ovide ;
Mais peut-être en secret elle écoûte ses feux,
Peut-être qu'à la fois infidelle & perfide
Elle nous trompe tous les deux.

Ovide vient, tâchons de le surprendre :
D'un volage, aisément on fait un indiscret :
Si son bonheur est son secret
Il ne tardera pas lui-même à me l'apprendre.

SCENE II.

L'AMOUR, déguisé en Courtisan Romain sous le nom d'EMILE, OVIDE.

OVIDE, à part.

AH ! quel plaisir d'aimer & d'être aimé !
L'Objet qui m'a charmé
Couronne enfin ma flâme,
L'Amour a fait passer mes transports dans son ame :
Ah ! quel plaisir d'aimer & d'être aimé !

OVIDE dit ce dernier vers en avançant sur le Théatre, de façon qu'il est entendu par EMILE.

EMILE.

BALLET.

EMILE.

De quelque conquête nouvelle,
Sans doute, ton cœur s'applaudit ;
Inconstant, & leger tu cours de Belle en Belle,
Tu mériterois bien d'aimer une Cruelle,
Mais l'Amour te seconde & tout te réussit.

OVIDE.

Un inconstant auprès de l'Objet qui l'engage,
Comme un fidelle amant sçait se faire écoûter :
Chaque Belle croit mériter
L'honneur de fixer un volage,
Les chaînes qu'il vient de quitter
Ajoûtent même à son hommage.

EMILE.

Un inconstant par tout doit se faire hair ;
Changer c'est trahir.

OVIDE.

Quand la fidelité nous gêne,
Il faut choisir une autre chaîne ;
A ses seuls mouvements le cœur doit obéir ;
L'amour est un plaisir,
S'il avoit des devoirs, ce seroit une peine.

E

E M I L E.

Et quel plaisir plus doux que d'aimer constamment !

O V I D E.

Former des tendres nœuds est un plaisir charmant,
Il faut souvent goûter ce bien suprême ;
Un cœur qui suit toujours le même sentiment,
Apeine s'apperçoit qu'il aime ;
C'est n'avoir aimé qu'un moment
Qu'avoir toûjours aimé de même.

E M I L E.

Tu sçais les secrets de l'Amour.

O V I D E.

Peut-être qu'au Dieu de Cythere
J'en ferois s'il falloit, des leçons à mon tour ;
J'ay sçu de l'art d'aimer, pénétrer le mistere.

Il n'est point de Beauté severe
Dont enfin on ne soit vainqueur,
L'Amant qui sçait offrir son cœur
Est toûjours assuré de plaire.

E M I L E.

Cependant la Princesse a dédaigné tes vœux,
Et tu manques cette victoire.

O V I D E.

Non, je ne puis ainsi laisser ternir ma gloire ;
Apprens le succès de mes feux.

On prépare en ces lieux une Fête brillante :
Sous un déguisement trompant les yeux jaloux,
J'y dois voir en secret la Beauté qui m'enchante ;
Elle veut que je cache un triomphe si doux,
C'est encore un secret entre l'Amour & nous ;

Use bien de ma confiance,
On m'a recommandé de garder le silence.

E M I L E.

La Princesse aime en vous un amant fort discret.

O V I D E.

Mon bonheur seroit imparfait,
Si j'en faisois toujours mistere ;
Un hommage secret
Offense le Dieu de Cythere,
C'est rougir des biens qu'il nous fait,
Que de s'obstiner à les taire
Mon bonheur seroit imparfait,
Si j'en faisois toujours mistere,
Mais la fête va commencer
Pour mon déguisement, je cours me préparer.

S C E N E   I I I.
E M I L E.

Elle l'aime & me trompe...ah! fuyons qui m'outrage ;
Mais il faut la punir de sa legereté,
Je veux lui reprocher son infidelité ;
Mes transports apprendront à l'Amant qui l'engage,
Quel est le prix du bien dont il est si flaté.

E ij

SCENE IV.

EMILE, LA PRINCESSE JULIE masquée,
OVIDE masqué, Troupe de Masques.

CHOEUR.

REgne, amour, enchante nos ames,
Triomphe, fais voler tes traits,
Nous livrons nos cœurs à tes flâmes,
Verse sur eux tout tes bienfaits.

On danse.

UN MASQUE.

L'erreur de nos déguisements
N'est pas faite pour ceux dont l'Amour est le maître,
Les feux qu'il fait briller dans les yeux des Amants
Les aident à se reconnoître.

On danse.

SCENE V.

JULIE masquée, OVIDE masqué, EMILE.

OVIDE.

DAns ces lieux éloignez d'une foule indiscrete,
Je puis sur mon destin consulter vos beaux yeux,
Ils ont sçû m'inspirer l'ardeur la plus parfaite,
C'est déja pour mon cœur un plaisir précieux ;

Et l'Amour combleroit ma flâme,
Si, comme dans vos yeux, il regnoit dans vôtre ame.

EMILE paroît.

JULIE.

Ah! quelqu'un vient, fuyons....

OVIDE fuit d'un côté, JULIE de l'autre;
mais EMILE l'arrête.

EMILE.

Arrêtez, arrêtez.
Ouy, je vous connois, arrêtez.

JULIE.

Cessez...

EMILE.

Je vous connois, envain vous resistez;
Vous étes un objet que tout le monde adore.
Je vous connois, envain vous resistez.

JULIE.

Ah! laissez-moy.

EMILE.

Faut-il vous le prouver encore
Par de plus sures veritez.
Vos attraits pour l'amour seroient de sures armes,
Si vous sçaviez brûler d'une fidelle ardeur,
Vôtre beauté séduit, mais on craint vôtre cœur,
Et ce soupçon détruit l'ouvrage de vos charmes.

Vous aviez un fidelle Amant,
Vous le trahissez pour Ovide,
Il est instruit de l'ardeur qui vous guide;
Mais il ne se plaint pas d'un pareil traitement:

Son cœur que dans vos nœuds deſormais rien n'arrête,
Connoit en la perdant le prix de ſa conquête.

JULIE, ſe démaſquant.

Ah! c'eſt trop eſſuyer d'imjurieux diſcours,
Hé bien, n'en doutez plus, Emile c'eſt moy-même,
Il eſt vray, j'ay changé, ce n'eſt plus vous que j'aime,
Allez, fuyez-moy pour toûjours.

EMILE.

Perfide, pouvez trahir ainſi ma flâme ?...

JULIE.

Et quel droit avez-vous de paroître jaloux ?
Renfermez pour jamais ces tranſports dans vôtre ame,
Ou craignez mon courroux.

SCENE VI.

L'AMOUR.

C'En eſt fait, retournons près de ma Bergere,
Je dois compter ſur ſa fidelité :
Et qui peut faire un cœur ſincere,
Si ce n'eſt la ſimplicité ?

FIN DU TROISIE'ME ACTE.

ACTEURS DU QUATRIE'ME ACTE.

DAPHNE'.

ZEPHIRE.

L'AMOUR.

Suite de L'AMOUR & de ZEPHIRE.

CHOEURS D'AMOURS déguiſez en Bergers.

ACTE QUATRIEME.

LE RETOUR.

Le Théatre repréfente le Palais de L'AMOUR,
les Zephirs apportent DAPHNE' endormie dans
un nuage.

SCENE PREMIERE.
ZEPHIRE, Troupe de ZEPHIRS.

ZEPHIRE, à fa Suite.

C'En eſt aſſez, laiſſons Daphné dans ce Pa-
lais:
Allez, & de l'Amour rempliſſez les projets.

********* ********* ********* *********

SCENE II.

On joüe une Symphonie tendre , pendant laquelle
DAPHNE' se réveille.

DAPHNE'.

DOux Sommeil qui suspends les maux des miserables,
Tu devrois ne finir jamais.

Tes songes les plus agréables
Ne font qu'augmenter nos regrets ;
Les faux biens que tu nous promets,
Deviennent au réveil des chagrins veritables.

Doux sommeil qui suspends les maux des miserables,
Tu devrois ne finir jamais.

Quel songe séduisant s'offroit à ma pensée ?
Je revoyois Silvandre , & le voyois constant...
Frivole espoir qu'enfante une ardeur insensée...
Mais, que vois-je ! quel est ce Palais éclatant ! ...

SCENE III.

DAPHNE', ZEPHIRE.

DAPHNE'.

Où suis-je ? Daignez m'en instruire.

ZEPHIRE.

Bergere, vous voyez le Palais de l'Amour :
Dans ces aimables lieux tout ressent son Empire ;
Vous auriez dû connoître ce séjour,
A l'air qu'on y respire.

DAPHNE'.

Mais de grace ... achevez, quel pouvoir souverain
Dans ces lieux peut m'avoir conduite ?

ZEPHIRE.

Vous allez y trouver le plus heureux destin.

DAPHNE'.

L'Amour finira donc le trouble qui m'agite ?
Il me fera revoir Silvandre dans ces lieux.

Termine pour jamais une cruelle absence,
Tendre Amour ! hâte-toy de l'offrir à mes yeux ;
C'est assez par nos maux signaler ta puissance,
Dieu charmant ! nos plaisirs l'aprouveront bien mieux.

F

ZEPHIRE.

Silvandre, dites-vous ? après son inconstance !
Il doit vous paroître odieux.

DAPHNÉ.

Ciel ! vous frappez mon cœur d'une atteinte mortelle ;
Et quel bonheur puis-je esperer
Après cette perte cruelle !

ZEPHIRE.

L'Amour vous offrira dequoi la reparer.

Quand il choisit une chaîne nouvelle,
Imitez un volage Amant :
Pour l'oublier plus aisément,
Choisissez un Amant fidelle.

DAPHNÉ.

C'est envain que l'Ingrat en s'éloignant de moy,
Semble m'autoriser à le quitter de même ;
L'Amant qui me manque de foy,
En est-il moins l'Amant que j'aime.

ZEPHIRE.

Lors qu'un ingrat fait vos malheurs,
Vos regrets impuissants ne pourront vous le rendre ;
Mais la main d'un Amant plus tendre,
Essuyeroit aisément vos pleurs.

DAPHNE'.

Si l'Inconstant, à l'ardeur qui m'engage,
Eût toujours répondu par un tendre retour,
L'Amour n'eut point reçû de plus parfait hommage.

    Fais qu'il reprenne dans ce jour,
    Son premier esclavage ;
    Il y va de ta gloire, Amour,
    Acheve ton plus bel ouvrage !

ZEPHIRE.

    Etouffez désormais
Les vains transports d'une flâme impuissante.
    A l'objet qui l'enchante
Silvandre dans ces lieux va s'unir pour jamais.
    Par la Fête la plus brillante,
On y vient celebrer cette union charmante.

DAPHNE'.

Que dites-vous, grands Dieux !

ZEPHIRE.

        Etouffez désormais
Les vains transports d'une flâme impuissante.

SCENE IV. ET DERNIERE.

ZEPHIRE, DAPHNE', L'AMOUR déguisé sous le nom de **SILVANDRE**, Troupe d'AMOURS déguisez en Bergers.

CHOEUR.

CElébrons les amours d'un fidelle Berger ;
Chantons fa fidelle Bergere,
Jamais le Dieu de Cythere,
Sous fes loix n'a fçû ranger
Deux amants fi conftants, & fi dignes de plaire.

Célébrons, &c.

DAPHNE'.

Arrêtez, vous donnez au plus volage Amant
Le beau nom de Berger fidelle.

L'Ingrat m'avoit promis une ardeur éternelle :
Non, quand il formeroit le nœud le plus charmant,
Vous célébrez envain fa tendreffe nouvelle,
Ma douleur vous dément.

Arrêtez, &c.

Mais c'eft luy que je vois, j'oublie en ce moment
Ma colere & ma douleur même ;
Hélas ! je me fouviens feulement, que je l'aime.

à SILVANDRE.

Ingrat, vous suivez donc sans remords, sans regrets
La nouvelle ardeur qui vous guide ?
Avez-vous oublié, Perfide,
Que vous m'aviez juré de ne changer jamais ?
Mais oublions plutôt l'Ingrat qui m'abandonne.
L'Amour même y consent, & la gloire l'ordonne.

Foibles efforts, hélas ! lorsqu'il manque de foy,
Loin d'affoiblir l'ardeur qui pour luy m'interesse,
Son inconstance encore ajoûte à ma tendresse,
Tous les feux dont l'Ingrat devoit brûler pour moy.

L'AMOUR.

C'en est trop, charmante Bergere,
Il faut terminer vôtre erreur,
Connoissez mieux l'objet d'une si belle ardeur ;
Ce n'est plus un Berger, c'est le Dieu de Cythere,
Dont vos plaisirs vont faire le bonheur.

DAPHNE'.

O Ciel !

L'AMOUR.

De vos beaux yeux j'ay senti la puissance,
Mais je voulois éprouver vôtre cœur ;
Vôtre fidelité répond de ma constance.

DAPHNE'.

L'Amour est donc l'objet qui sçavoit m'enflamer ;
Ma flâme, Dieu charmant, n'en sera pas plus tendre,
Mon cœur aimoit déja Silvandre
Autant qu'il peut aimer.

L'AMOUR.

Célébrez la Beauté pour qui l'Amour soupire,
 Célébrez sa fidelle ardeur;
Cette aimable conqueste est plus chere à mon cœur,
 Que le reste de mon empire.
On reprend le CHOEUR *Célébrons les amours*, &c.

L'AMOUR.

J'ay cherché vainement à la Ville, à la Cour,
Un cœur qui sçut brûler d'une flâme constante:
 C'est dans un champêtre séjour
 Que j'ay vû remplir mon attente :
Dans ces aimables lieux sans art & sans détour,
Les cœurs sont enflâmez de l'ardeur la plus pure,
Ils puisent leurs transports au sein de la nature,
 Qui ne trahit jamais l'Amour.

à DAPHNE'.

Triomphe de mon cœur, cette aimable victoire
 Comble tous mes désirs ;
 Je ne connoissois que ma gloire,
En voyant vos beaux yeux j'ai connu mes plaisirs.

CHOEUR.

Vole Hymen, reviens à Cythere,

Tu n'as jamais formé de lien si charmant
 Tu vas unir la plus belle Bergere
 Et le plus tendre Amant.

Vole Hymen, reviens à Cythere.

BALLET.
PETIT-CHOEUR.

L'Amour t'apprendra l'art de plaire,
Apprends-luy l'art d'être constant.

GRAND-CHOEUR.

Vole Hymen, reviens à Cythere.

L'AMOUR ET DAPHNE'.

Volez tendres Plaisirs, venez nous rendre heureux,
Triomphez, regnez dans nôtre ame:
Nous brulons des plus tendres feux,
Egalez s'il se peut l'excès de nôtre flâme.

ZEPHIRE.

Le Rossignol amoureux
D'un ton plaintif exprime son martire,
Cependant tout comble ses vœux;
L'Amant qui soupire
N'est pas toujours malheureux.

UN HABITANT DE CYTHERE.

Ah! quels plaisirs l'Amour nous donne,
Sous ses loix quels heureux destins!
Un myrthe reçu de ses mains
Vaut tous les lauriers de Bellone;
Et les plus heureux des humains
Sont ceux qu'à Cythere on couronne.

FIN DU QUATRIEME ET DERNIER ACTE.

APROBATION.

J'AY lû par Ordre de Monseigneur le Garde des Sceaux, le Manuscrit, qui a pour Titre, *Les Voyages de l'Amour, Ballet:* fait à Paris le quatriéme Fevrier 1736. LA SERRE.

PRIVILEGE DU ROY.

LOUIS par la grace de Dieu, Roy de France & de Navarre : A nos amez & feaux Confeillers, les Gens tenans nos Cours de Parlement, Maîtres des Requêtes ordinaires de nôtre Hôtel, Grand Confeil, Prevôt de Paris, Baillifs, Sénéchaux, leurs Lieutenans-Civils, & autres nos Justiciers qu'il appartiendra, Salut. Nôtre cher & bien amé le Sieur LOUIS-ARMAND-EUGENE DE THURET, cy-devant Capitaine au Regiment de Picardie ; Nous a fait repréfenter que, par Arreft de nôtre Confeil du 30. May 1733. Nous avons revoqué le Privilege qui avoit été accordé au Sieur le Comte & fes Affociez, pour raifon de l'Academie Royale de Mufique, fes circonftances & dépendances, & rétabli ledit Privilege en faveur dudit Sieur Expofant, pour en joüir par luy, fes Affociez, Ceffionnaires & Ayans-caufe aux charges & conditions portées par ledit Arreft, pendant le temps & efpace de vingt-neuf années, à compter du premier Avril de ladite année 1733 & que pour l'exploitation dudit Privilege, ledit Sieur Expofant fe trouve obligé de faire imprimer & graver les Paroles & la Mufique des Opera qui doivent être repréfentez; mais que pour cet effet il a befoin de nôtre permiffion & des Lettres qu'il Nous a tres-humblement fait fupplier de luy accorder. A CES CAUSES, voulant favorablement traiter ledit Expofant : Nous luy avons permis & permettons par ces Prefentes de faire imprimer & graver *les Paroles & Mufique des Opera, Ballets & Fêtes qui ont été ou qui feront repréfentez par l'Academie Royale de Mufique, tant féparément que conjointement* en tels Volumes, forme, marge, caractere, & autant de fois que bon luy femblera, & de les faire vendre & débiter par tout nôtre Royaume, pendant le temps de vingt-neuf années confecutives, à compter du jour de la datte defdites Prefentes. Faifons défenfes à toutes perfonnes, de quelque qualité & condition qu'elles foient d'en introduire d'Impreffion ou Gravüre Etrangere dans aucun lieu de nôtre obéïffance : Comme auffi à tous Imprimeurs, Libraires, Graveurs, Imprimeurs, Marchands en Taille-Douce, & autres de graver, ny faire graver, imprimer, ou faire imprimer, vendre, faire vendre, débiter ny contrefaire lefdites Impreffions, Planches & Figures de Paroles, de Mufique des Opera, Ballets & Fêtes, qui ont été ou qui feront reprefentez par ladite Academie Royale de Mufique, tant feparément que conjointement en tout ny en partie, fans la permiffion expreffe & par écrit dudit Sieur Expofant, ou de ceux qui auront droit de luy ; à peine de confifcation, tant des Planches & Figures, que des Exemplaires contrefaits & des Uftanciles qui auront fervy à ladite contrefaçon, que Nous entendons être faifis en quelque lieu qu'ils foient trouvez ; de dix mille livres d'amende contre chacun des Contrevenans, dont un tiers à Noûs, un tiers à l'Hôtel-Dieu de Paris, l'autre tiers audit Sieur Expofant, & de tous dépens, dommages & interefts, à la charge que ces Prefentes feront enregiftrées tout au long fur le Regiftre de la Communauté des Libraires & Imprimeurs de Paris, dans trois Mois de la datte d'icelles ; Que la Gravüre & Impreffion defdites Paroles & Opera fera faite dans nôtre Royaume & non ailleurs, en bon papier & beaux caracteres, conformément aux Reglemens de la Librairie, & notamment à celui du dix Avril 1725. & qu'avant que de les expofer en vente, les Manufcrits gravez ou imprimez feront remis dans le même état où les Aprobations auront été données és mains de nôtre tres-cher & feal Chevalier Garde des Sceaux de France, le Sieur Chauvelin ; & qu'il en fera enfuite remis deux Exemplaires de chacun dans nôtre Bibliotheque publique, un dans celle de nôtre Château du Louvre, & un dans celle de nôtre tres-cher & feal Chevalier Garde des Sceaux de France, le Sieur Chauvelin ; Le tout à peine de nullité des Prefentes ; Du contenu defquelles Vous mandons & enjoignons de faire joüir ledit Sieur Expofant, ou fes Ayants-caufe, pleinement & paifiblement fans fouffrir qu'il leur foit fait aucun trouble ou empefchement. Voulons que la Copie defdites Prefentes, qui fera imprimée tout au long au commencement ou à la fin defdites Paroles ou Opera, foit tenuë pour düëment fignifiée ; & qu'aux Copies collationnées par l'un de nos amez & feaux Confeillers & Secretaires, foy foit ajoûtée comme à l'Original. Commandons au premier nôtre Huiffier ou Sergent, de faire pour l'execution d'icelles tous Actes requis & neceffaires, fans demander autre permiffion, & nonobftant Clameur de Haro, Chatre Normande & Lettres à ce contraires. CAR tel eft nôtre plaifir. DONNE' à Fontainebleau le douziéme jour de Novembre, l'An de Grace mil fept cent trente-quatre, & de nôtre Regne le vingtiéme ; *Et plus bas*, Par le Roy en fon Confeil. *Signé* SAINSON, avec paraphe.

J'ay cedé à M. BALLARD le prefent Privilege, fuivant le Traité fait avec luy le 19. Septembre 1730. A Paris ce 23. Novembre 1734. DE THURET.

Regiftré enfemble la Ceffion fur le Regiftre VIII. de la Chambre Royale des Libraires & Imprimeurs de Paris. N. 797. fol. 779. conformément aux anciens Reglemens confirmez par celui du 28. Fevrier 1723. A Paris le 23. Novembre 1734. G. MARTIN, Syndic.